Ce livre appartient à :

....

....

Loi n° 49-956 du 16 juillet 1949 sur les publications destinées à la jeunesse, modifiée par la loi n° 2011-525 du 17 mai 2011
Dépôt légal : second semestre 2023 – N° d'édition : 25519 – ISBN-13 : 978 2 226 48543 4 – Imprimé en France chez Pollina - 46732

Astrid Desbordes

Pauline Martin

Après la pluie

Albin Michel Jeunesse

Ce matin, Archibald s’est levé tôt,
car ce n’est pas une journée ordinaire.

Sam et Natacha arrivent tout à l’heure.

C'est long d'attendre ses amis.
Mais ça n'a rien à voir avec l'ennui.

Cette attente-là, Archibald l'aime beaucoup.
C'est comme une promesse.

Sam et Natacha sont enfin là.
Inutile de regarder le ciel, ce sera une belle journée.

– Les grands travaux peuvent commencer !
annonce Natacha.

Évidemment, après de grands travaux,
on devrait être fatigué.
Mais non, Archibald sent comme un soleil
à l'intérieur.

Et il se dit que certains jours devraient
durer toujours.

Mais quelques heures plus tard,
ça n’a plus rien à voir.
– Notre château ! crie Natacha.

Cette fois, Archibald sent le tonnerre
gronder tout au fond de lui.

Et puis un ouragan arrive
et dévaste tout.

Un peu après, ce n'est pas beaucoup mieux.
Sam et Natacha sont repartis.

Cette fois, Archibald se sent comme en hiver.
La pluie a tout recouvert.

Le soir, Archibald ressemble à Archibald.
De ce côté-là, rien n'a changé.

Mais les parents sont souvent très malins.
Ils voient même les choses qui ne se voient pas.

Alors, le lendemain, ils emmènent Archibald regarder le ciel.

– Est-ce que tu as déjà vu comme certains jours le temps change souvent ? demande sa maman.

Bien sûr, Archibald a remarqué ça.
De belles journées finissent en orage,
de grands vents se lèvent sans crier gare.
Des nuages noirs passent et le soleil revient.

– Eh bien, c'est pareil pour toi, explique son papa.
Et pour chacun d'entre nous.
On voudrait que le soleil soit toujours là,
mais c'est normal que ce ne soit pas le cas.

Et même si nous n'aimons pas la pluie
ou le grand froid, ils sont nécessaires.

Crêpes

La pluie fait pousser les champignons.
L'hiver prépare le printemps.
Tous les temps passent, et tous sont importants.

– Même les tempêtes ? demande Archibald.
– Bien sûr, explique sa maman.
Mais quand une tempête arrive,
inutile de lutter.
Il faut la laisser passer.

Et après, il faut chercher pourquoi elle est arrivée.
La tempête t'apprendra ce qui compte pour toi.

Résister à une tempête, c'est étonnant,
se dit Archibald, on se sent différent.
Un peu plus grand.

Maintenant, ça ne se voit pas, mais pour Archibald,
le soleil est revenu.
Et c'est un peu difficile à expliquer,
mais il le trouve encore plus beau qu'avant.

Dans la même collection